Ch.-J. COURAUD

MADAGASCAR

SON AVENIR COLONIAL

MÉLANGE D'ÉCONOMIE POLITIQUE

Prix : **1** Franc

LA ROCHELLE
IMPRIMERIE NOUVELLE NOEL TEXIER

1893

MADAGASCAR

Ch.-J. COURAUD

MADAGASCAR

SON AVENIR COLONIAL

MÉLANGE D'ÉCONOMIE POLITIQUE

PRIX : **1** FRANC

LA ROCHELLE
IMPRIMERIE NOUVELLE NOEL TEXIER

1895

AVANT-PROPOS

—

Nous possédons des droits sur Madagascar depuis plus de deux siècles. Les Hovas qui dominent le pays sont originaires de Malfe. Ils ne sont arrivés à cette domination que par la ruse et l'audace.

Les événements assez bizarres de notre histoire n'ont que trop laissé trainer en lenteur nos intérêts dans la grande île africaine. On a bien envoyé de loin en loin quelques envois minuscules de soldats pour tenter je ne sais quoi.

Le jour où les crédits ont été votés pour faire la grande et décisive expédition de Madagascar, nos parlementaires ont mérité tous les éloges du pays. Les ovations partaient de tous les cœurs réellement français. Il n'était que temps de donner satisfaction à ceux qui connaissent l'histoire des deux pays.

Hâtons-nous d'occuper militairement ce vaste territoire ; organisons notre service de douane ; percevons les revenus ; occupons l'Imerne et les pays Betsiléos, Tananarive et Fianosrantosa : ce sont les pays les plus habitables sous le rapport du climat et de la valeur intrinsèque des deux pays ; ce sera, plus tard, une grande puissance coloniale ; ce sera la perle de nos colonies.

MADAGASCAR

ET SON AVENIR COLONIAL

—

Ne faut-il pas commencer par l'instruction et l'éducation pour attirer à nous les indigènes de cette grande île lointaine?

Un pays bien plus grand que la France est susceptible de produire beaucoup, à la condition de le transformer. Cette transformation sera d'autant plus facile et moins dispendiense que ce peuple sera soumis à nos volontés.

Les Anglais de Madagascar, les méthodistes, ont répandu presque partout des écoles : ils apprennent aux indigènes leur langue, évidemment au détriment de nos intérêts.

Ils ont beaucoup plus d'écoles que nous, ils ont donc été plus favorisés par leur gouvernement que nous là-bas !

Il est temps de parer à toutes ces erreurs. Il

faut que notre personnel enseignant, de minorité jusqu'à ce jour, devienne majorité désormais.

Une fois notre conquête terminée, il faudra résolument se mettre à l'œuvre et énergiquement. Nous trouvant maîtres de ce vaste territoire, après bien des sacrifices, il sera trop juste que nous répandions l'instruction et gouvernions selon les lois françaises. Plus de faiblesse, plus d'hésitation.

On a dit que le soldat français était admirable lorsqu'il s'agissait de faire des conquêtes, mais que le colon français était loin d'avoir les mêmes qualités. Nous allons essayer de prouver et démontrer la différence qui existe. Le soldat est instruit, il est discipliné, il est bien armé et bien commandé : voilà sa puissance, voilà sa force.

Tandis que pour nos colons il n'y a rien ou presque rien de tout cela. Il faut y remédier par les moyens pratiques et des plus rationnels.

Il faut donner l'instruction, les instruments de travail et avoir ensuite dans nos colonies des professeurs connaissant bien, après étude des différents lieux, ce qu'il faudra apprendre et conseiller à nos colons; on évitera bien des déceptions, bien des misères, bien des ennuis de toutes sortes à nos pauvres émigrants.

Il en résultera que nos colons seront à l'abri des reproches, parce qu'ils auront suivi les bons conseils et les leçons indispensables à toute réussite. Vous verrez par la suite qu'ils seront vaillants et bons colonisateurs. Il faut en toutes choses les connaissances premières, ensuite des guides sur lesquels on peut compter en toute confiance. En évitant les mécomptes on prépare une génération à marcher rapidement et à pas sûrs vers cette prospérité coloniale tant désirée.

Ce grand pays aux produits multiples demande bien des attentions; tout naturellement nous devons tourner nos regards constamment vers cette grande île africaine. Pourquoi, en effet, ne tournerions-nous pas nos regards dans une région qui donne des produits aussi variés, dont nous allons faire passer sous les yeux de nos lecteurs les plantes et les produits de toutes sortes que nous pouvons tirer dans quelque temps de la perle de nos colonies?

Les blés, le riz, l'avoine, l'orge, le maïs, le tabac, le café, le chanvre, la soie, le cotonnier sauvage, la vanille, le thé, le cacao, le girofle, la canne à sucre, le manioc, la pomme de terre et tous les légumes en général.

— Le pêcher, le bananier, l'ananas, le citronnier et l'oranger, etc.

— La vigne y vient, mais elle y viendra admirablement bien lorsqu'elle sera dirigée par des mains habiles.

— Le caoutchouc que l'on extrait soit d'une liane, soit d'un arbre, est l'un des principaux produits en articles d'exportation de grande importance dans l'île.

— Il y a d'immenses forêts dans lesquelles on trouve des bois de charpente et d'ébénisterie en quantité considérable.

— Le copal, sorte de résine servant à faire les vernis, est l'objet d'expéditions considérables.

— L'or, le cuivre, la galène argentifère, le plomb, le minerai de manganèse, des pierres à bâtir ; il y a aussi des gisements houillers.

— L'élevage des bœufs est considérable; les vaches, les moutons, les porcs, les volailles de toutes sortes sont en grande quantité.

N'est-il pas facile de voir et de prévoir qu'en répandant les progrès de la France dans ce vaste territoire, les rendements incomparables se produisent ?

Les bœufs de La Plata qui commencent à venir sur nos marchés français, ne pourraient-ils pas être remplacés par nos bovins de Madagascar ?

Nos différents ports sur l'Océan indien et sur

le grand canal de Mozambique faciliteront toujours avantageusement notre commerce d'exportation.

Au fur et à mesure que les moyens de communication de l'intérieur viendront à percer nos contrées riches et fertiles de l'île, on verra un développement grandir chaque jour.

Nos moyens de colonisation aidés par nos troupes d'occupation, composées en grande partie d'éléments indigènes, encadrées par nos hommes du génie pour faire les grands travaux de percement, routes et ponts; plus tard, nos chemins de fer économiques en attendant les moyens de faire les grandes lignes.

En créant des écoles élémentaires pour les enfants, — des écoles d'agriculture pratique pour les jeunes gens : — voilà les moyens rationnels pour coloniser dans les meilleures conditions.

Ceux qui émigrent dans l'Amérique du sud et ailleurs, en apprenant nos installations nouvelles à Madagascar, y viendront assurément de préférence, soutenus et protégés par notre gouvernement.

Il n'y a jamais que le premier pas qui coûte ; une fois l'élan donné, l'impulsion gagne les masses. — Nous pourrions voir alors la prospérité dans notre plus grande et plus riche possession coloniale.

Il n'y a pas au monde un autre pays où il y ait autant de rivières roulant une eau riche et bienfaisante pour la submersion des grandes prairies et les vastes pâturages de ce grand pays.

Ne voyez-vous pas cette terre riche déjà par sa nature, puisque jamais elle n'a été améliorée? — Pour peu que nous facilitions avec les éléments qui existent là-bas, une exubérance se produira sur tous les points.

Les pâturages produisant des quantités plus grandes, des qualités meilleures, il s'ensuivra que nos différentes races d'animaux s'amélioreront, pour peu que des mains intelligentes y viennent en aide par certaines sélections.

Dans une contrée neuve, il y a assurément beaucoup à faire ; c'est justement pour cela qu'il faut y aller porter le génie de la France.

Il faudra toujours agir avec la plus grande circonspection en répandant, selon les lieux et les circonstances, nos conseils, nos conférences en quelque sorte, pour arriver à gagner les colons èt les indigènes. Nous parviendrons par nos exemples à attirer à nous les populations indigènes, nous enseignerons d'une façon paternelle les progrès de la métropole.

Nous ramènerons au travail, et au bon travail, la plupart de cette population qui ne l'aime guère, parce qu'elle n'est pas payée du tout avec le régime indigène actuel. Mais, avec notre régime qui donnera satisfaction à tout le monde, on verra les améliorations porter leurs fruits, on verra la situation meilleure ; le bien-être se répandra dans les cases, les mœurs s'amélioreront, les relations deviendront amicales.

Il faut du courage, une grande énergie et une certaine tactique pour faire cette transformation, mais elle est indispensable pour nous d'abord. Ensuite nous devons démontrer aux étrangers, à nos calomniateurs, que chez le Français il y a toujours un certain génie colonial, comme il n'y en a pas chez certains peuples.

Certainement le gouvernement ne peut pas tout faire, mais il fera son possible pour aider et encourager les bonnes volontés.

En France, en général, on n'aime pas assez peut-être à lancer les affaires lointaines : j'admets que ce soit dans les tempéraments. On aime tant cette France si belle, que nos voisins les Anglais et les Allemands, et bien d'autres encore, ne trouvent pas, sur le sol natal, le même attachement. Nous devons le comprendre : les besoins de toutes sortes s'imposent chez eux de s'expatrier pour améliorer les situations et les moyens d'existence.

J'estime, néanmoins, que chez nous on comprendra que notre expansion coloniale est faite pour attirer nos regards, notre intelligence et nos capitaux ; on comprendra que nous ne devons pas laisser aller aux autres les différents éléments de fortune que notre puissante armée a pu nous procurer par des efforts inoubliables, dans toutes les parties du monde, notamment à l'heure actuelle où une grande victoire est proche.

Le jour où le gouvernement français aura pu doter notre incomparable colonie des établissements les plus indispensables pour développer l'agriculture, source première, cause essentielle de toutes entreprises industrielles.

Puisqu'il est bien reconnu par tous les hommes éminents que le commerce et l'industrie ne peuvent marcher avantageusement, si l'agriculture du pays reste en souffrance.

Je me rappelle toujours des leçons données par nos professeurs et inspecteurs généraux lorsque j'étais élève dans une école d'agriculture pratique, qui soutenaient avec juste raison que rien ne pouvait bien marcher si la partie agricole ne marchait pas.

En effet, tout vient de là. Jusqu'à ce jour on n'a pas pris garde aux différents éléments utiles, je dirai indispensables, pour surmonter tant d'obstacles que l'on rencontre surtout dans les contrées lointaines.

On a eu tort de laisser aller trop au hasard les choses coloniales. Il n'y a jamais que le premier pas qui coûte. Et encore, si les débuts sont bien pris, bien compris, je dirai que ce premier pas est plutôt un avantage, puisqu'il évite, dans la plupart des cas, des déboires souvent ruineux et toujours regrettables, parce qu'ils paralysent en quelque sorte l'élan et les bonnes volontés qui seraient disposées de tenter aussi la fortune dans les colonies.

Pourquoi ne pas créer à Madagascar des établissements modèles qui rendront les plus grands services à tous ceux qui auront l'intention d'y aller faire de l'agriculture, de l'élevage, du commerce et même de l'industrie? J'indiquerai principalement dans l'Imerne, dans les environs de Tananarive et, dans le pays des Betsiléos, les environs alors de Fianosrantosa, 2e ville de Madagascar.

Ces deux grandes régions se trouvent sur les

plateaux avec des vallées riches et fertiles ; le climat y est des meilleurs.

Le regretté Paul Bert voulait pacifier l'Annam et le Tonkin en y répandant les lettres : il avait raison. Si cette mort trop prématurée n'était venue arrêter le projet de cet homme de bien, de ce savant, on aurait gagné du temps pour faire cette pacification, et les bienfaits de la civilisation se seraient fait sentir partout.

Pour Madagascar, nous demandons des écoles afin de lutter contre nos ennemis, les aventuriers anglais et autres, qui n'ont cessé de combattre notre influence. Cette grande réforme s'impose bien naturellement ; il y a, hélas ! trop longtemps que nous subissons cette mauvaise influence, qui a contribué à pousser contre nous les ennemis que notre brave armée est en train de châtier.

Il est d'autant plus regrettable à tous égards, que les Anglais plantés là-bas, chez nous, ont régné presque en maîtres, donnant toujours au gouvernement de la Reine des conseils détestables sur notre régime, sur notre pays, sur nos moyens de toutes sortes. J'estime qu'à l'heure présente, ce fallacieux gouvernement de Tananarive pourrait comprendre que les aventuriers anglais ne lui ont pas donné les meilleurs des conseils.

J'estime que ce temps des mauvais jours va avoir un terme à courte échéance. En effet, pourquoi ne pas chasser ces ennemis cosmopolites de nos possessions ? Bientôt, lorsque le drapeau tricolore flottera sur le palais de la Reine, à Tananarive, nous donnerons un exemple de nôtre force et de notre modération pour ceux qui viendront à nous. On comprendra alors que cette France tant calomniée est un pays de justice et de liberté.

La cour d'Emyrne, au lieu d'écouter les sages conseils du gouvernement français, a préféré suivre les conseils perfides des aventuriers, poussée par tous ces misérables à ne pas respecter nos traités. Notre protectorat bien timide de 1885 (je dis timide, parce qu'on ne devait pas prononcer le mot protectorat, pour ne blesser personne à la cour d'Emyrne) en 1889, ce protectorat fut sensiblement modifié par un certain arrangement avec l'Angleterre (on a pu prononcer tout bas le mot protectorat) ; mais encore des difficultés nouvelles se présentèrent chaque jour. En somme, ce ne fut qu'un protectorat dans l'idée, mais effectif jamais !

L'heure des résolutions viriles a sonné pour la France. L'annexion s'impose (?) totale et complète de Madagascar. Ce serait une grande faute politique, que le gouvernement de la République ne commettra pas en revenant aux traités antérieurs. Avec un aussi important pays, avec un peuple trop peu scrupuleux de l'honneur, qui ne tient pas du tout à sa signature, qui userait tous les diplomates du monde, on ne doit plus rien traiter du tout. Nous pouvons maintenant leur démontrer que les Français mordent plus fort que le prétendait le premier ministre, qui, dans des termes ironiques, se plaisait à dire à cet entourage fameux que « les Français aboyaient, mais ne mordaient pas ! »

Certains écrivains penchent pour les protectorats, tandis que le plus grand nombre est pour l'annexion.

Dans le cas qui fait l'objet de notre brochure, nous disons et soutenons que l'annexion est la seule chose que nous devons faire. Ce sera plus tard une seconde France.

Comment voulez-vous, sérieusement, qu'il en soit autrement ? Le temps n'est plus de s'amuser à toutes les roueries de ce triste gouvernement de Tananarive. Nous avons eu des diplomates de bien grande valeur, qui se sont tous usés, sans rien obtenir en réalité. Il en serait toujours ainsi, si on revenait à traiter des conventions avec de tels individus ; on ne traite plus du tout. Depuis des siècles nous avons des droits sur cette grande île africaine ; le moment est arrivé où nous en prenons possession ; on ne peut rien faire contre nos droits, pas plus qu'on a fait pour la prise en possession de l'Algérie. Croyez-vous que si l'Angleterre avait eu une armée, comme l'armée française, qu'elle ne serait pas depuis longtemps à Madagascar ?

Avec ce peuple il faut se montrer ce que nous sommes : forts et généreux. Nous serons la force pour ceux qui ne se soumettront que contraints et forcés ; généreux pour ceux qui viendront à nous, qui nous aideront à pacifier ce grand pays.

Ne voyez-vous pas d'ici nos braves soldats grimpés sur les plateaux de l'Imerne ? Il en sera vite fait ensuite de cette guerre. Les Hovas ne croyaient pas que nous viendrions les déloger, que nous viendrions renverser leur bazardement. Ils se croyaient en lieu sûr, avec une armée, qui n'en est pas une, pour lutter avec nous. Ils comptaient sur le mauvais climat des contrées marécageuses pour nous arrêter et nous empêcher d'arriver dans les plateaux de l'Imerne. S'il y a eu du vrai quant aux difficultés, ils ignoraient sans doute nos mo-

yens de surmonter lesdites difficultés. Nos hommes soutiennent bien mieux qu'eux, parce qu'ils
sont entourés des soins et des précautions vou-
lus, tandis que l'armée malgache manque à peu
près de tout : armement défectueux, habillement
et nourriture de même, mal disciplinée, mal com-
mandée, à quelques rares exceptions près.

Du reste, le soldat est mal payé, d'un recrutement
inégal : on y rencontre des enfants de 14 à 15 ans
et des vieillards incapables. Car les favorisés de
l'aisance trouvent dans ce triste gouvernement
des moyens de ne pas être soldats.

Aussi il règne un mécontentement général, même
chez les Hovas. Il est de toute évidence que lorsque nous serons établis dans le pays, en répandant nos procédés de justice pour tous, en traitant les habitants suivant nos lois, vous verrez le
plus grand nombre venir à nous.

Les difficultés diminueront chaque jour, d'autant plus que nous aurons la force pour donner
des craintes aux Fohavalos (voleurs indigènes).
Cette force armée sera indispensable pour la sé-
curité du pays pendant quelques années.

Mais nous aurons l'élément indigène encadré par
nos soldats, qui feront par la suite d'assez bons
soldats, parce que tout d'abord ils seront mieux

traités sous tous les rapports qu'avec leur ancien gouvernement malgache. Ensuite leurs intérêts seront liés aux nôtres. Ils arriveront, plus tard, ce que sont nos soldats d'Afrique et des autres colonies pour la France.

Ils détestent au fond ce régime de tyrannie, injuste en toutes choses. Il y a chez ce peuple, comme chez tous les peuples, des instincts, une certaine intelligence, pour sortir de cet état détestable.

Il y a eu déjà certains soulèvements, mais isolément : la crainte de ne pas avoir le dessus a arrêté les différents mouvements. Maintenant il en sera bien autrement, nous sachant là pour les soutenir. Les Hovas qui occupent l'Imérina, peuplade entreprenante, rusée, ont été instruits, plus que les autres provinces, par les méthodistes anglais, parce que ce peuple se trouve plus à proximité de la capitale, pays alors possédant plus d'écoles que les provinces éloignées. Autrefois les Sakalaves étaient bien les maîtres de l'île ; mais les querelles intestines entre rois et roitelets, princes et princillons, ont fait perdre leur prestige et leur prépondérance, tandis que les voisins Hovas, rusés, habiles dans la circonstance, ont profité de cette faiblesse pour dominer tout le pays, à l'exception de toutes petites provinces qui ont su résister.

Le plus petit observateur comprendra aisément que, chez les différentes peuplades, il y a des rancunes qui se tourneront à notre avantage.

A Madagascar, chose assez extraordinaire, ce n'est pas la noblesse qui domine: nous venons d'en faire connaître sommairement les causes qui tiennent des querelles intestines en pays sokalovas. Cette noblesse est tout au plus reléguée au 2e et même 3e rang dans les emplois, depuis que les Hovas dominent et oppriment ces différents peuples. Aussi, cette noblesse négrillonne viendra assurément à nous; elle y gagnera du reste; elle déteste les Hovas qui ont diminué leur prépondérance et ruiné en quelque sorte les situations qu'elle tenait des ancêtres, chose sacrée chez ce peuple. Tant de rancunes se sont amoncelées depuis longtemps.

Un peuple qui souffre, il faut tout attendre de lui; quoique l'état de civilisation n'est pas de ce siècle, il y a la nature qui est là.

Revenons un instant en France. Avant 1789, nos pères étaient un peu civilisés; mais ils souffraient horriblement du régime tyrannique d'alors, surtout dans les campagnes. Le jour tant désiré depuis fort longtemps est apparu soudain; le réveil se fit après bien des orages, mais la tempête avait franchi les obstacles ; nos pères obtenaient un commencement de liberté ; peu à peu les choses s'améliorèrent. La route a été longue, pénible parfois, mais enfin c'était la bonne route, la meilleure de toutes les voies.

Là-bas ce ne sera pas tout à fait la même chose ; mais un peuple qui souffre d'un régime maudit, profitera de tous les moyens pour en sortir. Il faut donc prévoir que nous aurons la plus grande partie des Malgaches avec nous, peu de temps après notre conquête.

Le despotisme hova aura fait son temps. Ce sera une véritable délivrance que l'armée française portera dans ce vaste territoire. En même temps, la civilisation et une certaine aisance viendront continuer le bien-être relatif chez l'indigène. Une police bien faite, bien armée, sera pendant longtemps indispensable pour maintenir nos anciens adversaires, qui resteront nos ennemis pendant un temps bien difficile à préciser ; mais ce sera la minorité, n'en doutez pas !

Madagascar est un pays comme les autres, divisé et subdivisé en provinces, et ces provinces sont gouvernées par des gouverneurs, tous alléchés par le gain. Car, dans ce gouvernement, il n'y a pas de fonds d'Etat : le gouvernement ne paye personne. Mais, aussi, ils savent se faire payer par tous les moyens, à commencer par le premier ministre, qui est le plus grand voleur. Il y a 30 ans qu'il gouverne, il y a 30 ans qu'il vole ! Il en est de même des gouverneurs comme de tous ceux qui occupent des postes quelconques. A partir du premier Honneur jusqu'au dernier numéro de cette rangée de bandits, on est assuré d'être exploité.

Si on voulait obtenir des concessions ou autres choses, il fallait faire queue pendant des jours, des mois, et encore il fallait faire de gros cadeaux pour obtenir son tour, ou passer avant son tour. Alors, si vous obtenez audience du premier ministre, il y a des débats toujours assez longs, et ce premier ministre n'accordera qu'à la condition d'avoir obtenu une grosse somme et des avantages à percevoir sur l'entreprise. Notez encore que ce sera toujours celui qui donnera le plus qui obtiendra gain de cause.

Il en est de même pour toutes les entreprises qu'on a tentées là-bas. Il y en a qui ne possédaient que des ressources limitées; à force d'attendre leur tour d'audience auprès du premier ministre, ils ont dévoré leur petit avoir, sans même n'avoir pu obtenir audience. Ce farceur de premier ministre ne donne audience que le lundi matin ; comme les malheureux solliciteurs sont nombreux et que les audiences, lorsqu'elles sont accordées, sont longues pour débattre les intérêts dont la grosse part est toujours demandée par Rainelaierivoun, il y a des retards continuels dans ce triste engrenage : c'est écœurant sous tous les rapports.

Maintenant, dans les provinces, les gouverneurs, ce sont les seigneurs d'autrefois en France, qui ne font que pressurer le prolétaire, donnant toujours raison à celui qui donne le plus gros cadeau. Il y a dans ce monde-là des quantités d'individus qui se surveillent, qui s'espionnent et qui rapportent ensuite au gouvernement de Tananarive. Celui qui travaille gagne 15 francs par mois ; mais le gouverneur commence par lui en prendre la moitié, sinon davantage. Croyez-vous que c'est encourageant pour celui qui aurait même les meilleures volontés ?

La justice est toujours accordée à celui qui donne le gros cadeau. Le recrutement se fait dans les mêmes conditions ; le gros cadeau joue le grand rôle à Madagascar. Je dirai qu'il n'est pas surprenant de voir fuir l'indigène des travaux des champs et des autres ateliers pour faire partie des Fahovales ou Favalas. Ce sont des bandes de pillards, qui volent des bandes de bœufs, qui font des razzias, en un mot qui prennent ce qui leur convient, assassinent parfois, s'ils rencontrent une certaine résistance. Il y a bien dans la plupart des cas des circonstances atténuantes, puisqu'il est de toute évidence que si les bandes de Fahovales sont aussi nombreuses, tout cela tient au régime insupportable de ce pays. Il est d'autant plus fâcheux, plus regrettable, que, dans le nombre, il y a des bandits dangereux, et comme la contagion est facile parfois, le nombre des criminels pourrait grossir encore.

Nous pouvons donc espérer, avec notre régime, que toutes les bandes de Fahovales disparaîtront et que les moins gangrenés reviendront reprendre le travail, rejoindre les chantiers, où ils seront mieux payés et protégés selon le mérite, la conduite et les services rendus.

Cette justice réparatrice sera la bienvenue en pays malgache. La force et la justice, voilà ce qu'il faut partout. Dans de tels pays il faut de la crainte, il faut imposer nos volontés ferme, sans faiblesse : on apprendra cela chez l'indigène; une fois notre suprématie reconnue, il en sera fait de notre autorité. Nous verrons venir à nous la meilleure partie de ce peuple. Il ne faut pas ignorer que, là, il y a des populations douces, faciles à conduire et qui, se sachant sous notre protection, deviendront meilleures encore. Avec la force et la justice, nous pouvons transformer toutes les provinces malgaches dans un temps assez rapproché, sans y dépenser beaucoup. Seulement, il ne faut pas se départir de cet axiome : « Force, justice, énergie et bienveillance. »

Chez n'importe quel peuple, il y a toujours des tendances à améliorer son sort et celui de sa famille. Ne nous méprenons pas : il y a aussi, en pays malgache, des familles (généralement nombreuses) qui ont certains rapports avec les familles européennes.

Il ne faut pas croire, avec autant de misère, que les indigènes soient profondément attachés à cet ordre de choses. Le jour où nous aurons en main la suprématie sur toutes les populations de ce vaste territoire, prodiguant avec nos meilleurs soins nos enseignements de toutes sortes, en les traitant en raison des services rendus, de la façon la plus équitable, elles viendront à nous, elles grossiront chaque jour le nombre de nos protégés, malgré la ruse des Hovas qui, eux-mêmes, n'étant plus soutenus, perdront chaque jour de cette arrogance qui leur avait donné de l'influence sur les autres peuples de l'île. Une fois le prestige diminué, il en sera fait de cette prépondérance dominatrice sur des provinces, bien plus nombreuses et peuplées d'habitants d'une nature plus douce, moins entreprenante, surtout moins audacieuse.

Comment voulez-vous qu'il en soit autrement? Nous les sortirons des galères, nous leur procurerons le bien-être sous tous les rapports.

Nos ennemis cosmopolites n'auront pas non plus ce même prestige, cette même influence auprès des chefs qui n'auront que trop régné à Madagascar.

Il n'y a que la France pour faire cette transformation, humanitaire d'abord, ensuite par l'amélioration des différents systèmes qui existent, qu'il faudra détruire ou simplement améliorer, créer ce qui sera utile ; en un mot, on fera toujours beaucoup mieux que ce qui se fait actuellement.

Il y a des provinces qui font de l'agriculture : l'Imérina et les pays Betsiléos, admirablement bien situés. Tananarive, la capitale de Madagascar, qui se trouve comme on sait dans l'Imérina, possède de 80 à 100.000 habitants. Il y a près de

400 kilomètres de Tananarive à Fianarantsoa, seconde ville de Madagascar, capitale des Betsiléos, population douce, aimant à se livrer à l'agriculture, mais certainement peu encouragée et qui serait appelée à nous rendre des services. Cette seconde ville possède 10.000 habitants environ. Dans les 400 kilomètres qui séparent les deux villes, on trouve 300 kilomètres au moins qui traversent les contrées les plus riches et fertiles sous un climat admirable, des crêtes de montagnes çà et là, mais tout à côté des rivières et des pâturages superbes : les rizières et les plantes les plus exigeantes y viennent admirablement.

Dans les autres provinces on fait principalement de l'élevage, qui est des plus faciles ; les herbages y poussent tellement vigoureusement que les nombreux troupeaux ne peuvent jamais tout manger : l'indigène se voit à chaque période dans l'obligation de couper les grandes herbes qui restent pour permettre aux jeunes pousses de revenir à chaque saison alimenter plus fructueusement les animaux.

Les ressources sont immenses dans un pays où tout vient sans préparation, sans presque de culture, toujours sans fumure.

Ne voyez-vous pas cette île immense, transformée même, pour peu qu'elle le soit, produire des quantités considérables ?

Ne voyez-vous pas cette île, encore, entourée de plus de 100 ports ?

Ne voyez-vous pas arriver déjà dans ses ports les quantités considérables de produits d'exportation provenant de l'intérieur de ce territoire transformé?

Ce sera la décadence générale au profit du monde civilisé, qui viendra chercher dans notre grande colonie les différents produits qui sortiront de nos cultures, de nos pâturages, de nos forêts, etc.

Il faut envisager avec la plus grande confiance que cette transformation se fera et fera sentir partout ses bienfaits.

Il n'y a pas de pays qui offre plus d'éléments de ressources au commerce extérieur que cette grande île, entourée de l'Océan indien et du grand canal de Mozambique avec des ports en grande quantité. Avec le temps on arrivera à améliorer certains de ces ports; mais l'essentiel, c'est qu'ils existent. Nous avons des baies, notamment celle de Diégo-Suarez, comme il n'en existe pas en Europe ! Les havres sont très nombreux. La nature a favorisé le travail, le progrès; nous achèverons le rëste avec le temps : ce sera alors une perfection.

Lorsque notre régime douanier fonctionnera régulièrement sur cet immense littoral, les revenus prendront les dimensions d'une souris à l'éléphant.

Il faut prévoir que l'indigène aura aussi sa part d'aisance, qui lui permettra de changer les vieilles coutumes, aidé par nous à cette conversion. Du reste les femmes malgaches, surtout les plus aristocratiques dans leur genre, aiment beaucoup à singer l'Européenne. Une fois les goûts et les caprices lancés dans les modes parisiennes, nous verrons venir à grands pas les échanges de toutes sortes. Cet élan donné, le grand courant suivra son cours, que personne ne pourra arrêter, heureusement, parce que ce sera la fortune des deux Frances. J'estime que Madagascar formera la seconde France.

Cette situation géographique et stratégique, cette prépondérance commandent en plus les possessions anglaises dans l'Inde.

Notre gouvernement avait tout à faire ; ayant les conquêtes de la Tunisie, du Tonkin et de l'Annam sur les bras, il ne pouvait guère entreprendre celle-ci beaucoup plus tôt. Seulement on aurait pu profiter dans quelques circonstances de certains avantages. Ne l'ayant pas fait, nos amis Sakalaves se trouvaient à la merci des Hovas : ils se trouvaient découragés et subissaient les vengeances du gouvernement de Tananarive. Si nous avions retardé encore, nous n'aurions peut-être pu les avoir avec nous.

Heureusement que dans nos parlements il y a eu un virement d'opinion. Tous les bons Français se sont empressés de voter les crédits. L'expédition a été décidée à une importante majorité. On a compris tous les avantages que nous pourrions en tirer. Notre honneur ne pouvait plus tolérer les vexations du gouverneur de la reine Ranavalo.

Nous avons dit, en commençant, que les méthodistes anglais étaient, parmi les Européens, les plus nombreux. Ce sont eux aussi qui sont venus les premiers dans l'île. Sous le rapport des religions, les protestants et les catholiques prêchent deux fois dans le désert; c'en est un d'abord pour ainsi dire, puis ensuite les Malgaches croient aux ancêtres, ils ont le culte de leurs morts. Pour faire plaisir aux méthodistes, il y en a qui ont pris leur religion, parce qu'ils savent tout faire contre nos intérêts. Le Malgache est superstitieux : il croit aux loups-garous, aux revenants, aux sorciers, etc., etc.; mais, en fait de religion, il ne croit à rien du tout. Les indigènes ont une certaine philosophie sereine. Si les méthodistes persistent à rester quand même là-bas, ils savent très bien ce qu'ils gagnent. Ils profitent de certaines faveurs pour faire le commerce de toutes les affaires qu'ils supposent leur procurer des bénéfices. Ensuite ils savent très bien que leur prestige est toujours une cause de prépondérance sur le commerce français.

On dit toujours que les Anglais sont des hommes pratiques, voyez là. Ils n'ignorent nullement que les prédications ne produisent point ou peu d'adhérents. Cependant ils ont gagné la reine et son vieil époux, mais qui ne croient pas plus que le simple Malgache, et toujours pour nous imposer un certain dégoût à répandre le catholicisme chez eux. Certainement cette manœuvre de la reine Ranavalo et du vieillard premier ministre a pu engager certains sujets à suivre cette conversion, mais point le moins du monde pour apprécier lequel des cultes ils préfèrent. Ils ne croient absolument à rien de tout cela.

Les Anglais ayant aussi beaucoup plus d'écoles que nous, ils trouvent encore un avantage ayant les élèves et les anciens élèves, qui aient des connaissances avantageuses pour les relations commerciales. Ils ne négligent absolument rien pour arriver à réaliser des avantages.

N'avons-nous pas vu encore, au commencement de la guerre actuelle, les aventuriers anglais se dévouer à vouloir le commandement des troupes malgaches? Ne les avons-nous pas vus leur procurer des armes? Ils ont donné en 1879 les moyens de faire le recrutement. Ils ont encore donné des indications à la façon de nos armées européennes. Ce sont des ennemis qu'il faut traiter comme ils le méritent. Ils ont toujours et en toutes circonstances cherché à nous causer les plus grandes difficultés. Il est temps de les briser, de les traquer comme leurs protégés hovas.

Il est aisé de comprendre, à l'heure actuelle, qu'ils doivent baisser pavillon à l'approche de nos vaillants soldats. Sans doute qu'ils chercheront encore à nous persuader qu'ils ont servi notre cause, pendant notre absence de Tananarive? J'estime que personne acceptera cette perfidie!

Je disais que les Anglais après bien d'autres étaient pratiques, cela est vrai; mais en revanche ils sont capables des plus coupables trahisons.

Ils jalousent notre marine : notre puissance maritime, en effet, leur porte ombrage. S'ils avaient une armée, on ne sait ce qu'ils oseraient! Assu-

rément, ils auraient osé venir à Madagascar !
Nous sommes avertis depuis longtemps de cette
perfidie, les leçons devraient bien nous servir.
Nous devons dire avec justice que certains aventuriers anglais sont en dehors de leur gouvernement; mais la renommée est toujours présente à
la mémoire de ceux qui connaissent le passé et
presque le présent.

Heureusement que la France possède les forces
nécessaires pour tenir tête à ceux qui tenteraient
de l'insulter.

Nous pouvons en toute confiance occuper militairement Madagascar. Certaines jalousies se pro-
duiront, mais peu nous importe ! Nous avons nos
droits depuis très longtemps sur l'île. Nous avons
toléré aussi trop longtemps, il n'est que temps
d'en prendre possession.

On a parlé que le climat était insupportable, on
a exagéré les inconvénients que pouvait y rencontrer l'Européen sous ce rapport.

Il est de toute évidence qu'il ne faut rien né-
gliger des soins et précautions que le changement
de température impose dans ce pays. Il faut sé-
journer le moins possible sur la côte, où la cha-
leur torride donne l'anémie. Et de tout temps ça
été le mauvais côté de ceux qui ont voulu créer

quelque chose dans l'île, de se fixer à proximité
de l'Océan indien ou du Mozambique, la crainte
peut-être de s'enfoncer dans l'intérieur, ou bien
alors méconnaître les choses les plus élémentaires de l'hygiène. On sait partout que sur le littoral il y a une lisière marécageuse. Le mot lisière est bien applicable sur les bords de l'Océan
indien : on n'a que pour quelques heures à at-
teindre les premiers gradins dont le climat est bien
supportable, tandis que sur le Mozambique il y
a des contrées marécageuses qui s'avancent assez
loin dans l'intérieur.

La différence est grande des contrées qui bor-
dent la mer d'avec celles de l'intérieur où le climat est des meilleurs. Certainement il y a des
heures (on parle de 2 à 5 heures du soir) où il faut
se préserver des rayons brûlants de ce soleil qui
tombe perpendiculairement ; aussi le casque colonial a été inventé pour parer à cet inconvénient.

Il faut s'abstenir de prendre des liquides trop
forts et souvent malsains, se vêtir tout à fait à
la coloniale, ne pas manger trop de fruits qui
sont très abondants dans l'île. La viande y est
également très abondante et à bon marché, ce
sera la nourriture qu'il faudra prendre autant que
possible. Les volailles, les gibiers et les pois-

sons y sont en quantités considérables, les légumes de même. L'existence y est facile et aux prix les plus doux. Il ne s'agit absolument que de choisir et faire comme l'abeille : discerner le bon du mauvais. Il y a des hommes qui savent toujours trouver les bons moyens, tandis que d'autres ne les rencontrent jamais. Cela tient à deux causes : les premiers savent se contenter du nécessaire et savent se résigner s'il le faut, tandis que les autres sont d'une exigence extraordinaire et ne savent se contenter de ce qu'ils ont, en admettant même que ce soit luxueux.

La réussite dans les différentes entreprises dépend le plus souvent de ce qui précède.

Pour nos amis de France qui veulent faire de l'agriculture, nous les conseillerons de choisir l'Imerne ou le pays des Betsiléos. Pour ceux qui veulent monter des comptoirs, il faut le voisinage de la côte, mais c'est l'affaire des temps ; nos négociants auront les comptoirs dans nos ports de commerce, soit Tamatave, Majunga ou ailleurs ; puis la villa sur les gradins boisés, où la prairie et les jardins feront l'entourage. J'ai la conviction que nos jeunes lecteurs pourront voir ces choses là ! Nous avons partout, autour de nous, des exemples et des plus indiscutables. Ç'est ainsi que les affaires se font dans les Indes. Nous ne sommes point dans l'Inde, mais Madagascar se trouve sur la route des Indes, il en a tous les avantages; cette situation stratégique, cette prépondérance, ce sera une puissance coloniale incomparable!

Le jour où on verra les routes et les voies ferrées, notamment de Majunga à Tananarive et de Tananarive à Fianarantsoa et de là à Fort-Dauphin, on doublera, on triplera le chiffre des affaires qui en seront la conséquence forcée. Tout est à affaires; l'essentiel, le plus pressé, se fera assez vite. Les besoins les plus impérieux s'imposent. S'il y a beaucoup à faire, ce sera la meilleure des choses. Personne ne peut ignorer qu'il y a beaucoup à faire. Et dire que les grands travaux se feront avec le temps et avec les indigènes : ce peuple qui n'aime pas le travail, dit-on, est tout excusé d'avance; mais cet indigène viendra travailler pour le compte de la France, parce qu'il sera payé selon son travail et le lieu de son emploi. Nous en trouverons des légions! En faisant cette transformation, les Fahovales, les anciens déserteurs, viendront se joindre aux autres travailleurs. Ne voyez-vous pas le grand côté moral: diminuant les bandes de pillards et grossissant les légions de travailleurs tout à la fois!

Nous aurons une puissance de travail pour exécuter les travaux les plus indispensables, peu ordinaire, je dirai exceptionnelle. Nous aurons des travailleurs dans des conditions de prix les plus doux, et le travailleur sera satisfait parce qu'il sera encore bien mieux payé et mieux protégé que sous le régime tyrannique et du plus pur despotisme des Hovas.

C'est un point capital de faire exécuter tous les travaux qui sont compatibles avec nos moyens dans de pareilles conditions.

On donnera un enseignement plus supérieur qu'on pourrait supposer tout d'abord ; mais, en réfléchissant, ne voyez-vous pas les idées de travail se réveiller où elles étaient mortes, les pauvres idées ! Cette jeunesse malgache reprendra la vie : elle prendra le chemin de nos écoles françaises, elle prendra ensuite le chemin du travail, qui donne la vie autrement meilleure qu'avec le régime détestable qui s'écroule ; dans huit jours peut-être sera-t-il écroulé par la force de nos petits Lebel et la vaillance de nos chers enfants, qui combattent toujours pour l'honneur de la patrie.

Il faut, partout, répandre chez l'indigène nos enseignements de toutes sortes, les traiter toujours avec justice : c'est ce qu'il attend le plus de nous. Nos procédés auront une influence incalculable chez lui. Il viendra à nous, content, joyeux, heureux de ce régime réparateur de justice et de liberté !

Les événements sont trop près de nous, pour nous étendre plus longuement sur Madagascar. Cependant, j'estime qu'il soit bon de dire comment le recrutement s'opère chez les Hovas, aussi bien dans l'Imerne que dans les autres provinces qui se trouvent sous la domination du gouvernement de la reine Ranavalo.

Les gouverneurs réunissent les sous-gouverneurs et quelques hommes les plus en vue qui indiquent le nombre valide des jeunes gens susceptibles de faire des soldats. Jusque-là tout irait bien, mais le mauvais côté vint détruire ce qui semblait équitable d'abord.

Chaque membre de ce gouvernement a ses protégés, dès qu'ils retirent le plus de piastres possible. Ils font remplacer ces jeunes gens valides par d'autres, le plus souvent incapables de porter les armes. Comme il faut que chaque pays en fournisse une certaine quantité, on prend les invalides qui ne peuvent faire le cadeau toujours demandé, tandis que ceux qui possèdent une certaine aisance, qui peuvent donner, ne font jamais le service exigé et les corvées de toutes sortes. Il est facile de comprendre le mécontentement qui existe ensuite dans l'armée malgache. On a vu souvent que le gouvernement donnait l'ordre de faire une expédition dans certaines provinces; mais, lorsqu'on arrivait à destination, sur 2,000 hommes par exemple, plus de la moitié avaient trouvé le moyen de déserter. Une fois, sur 800 hommes envoyés dans le Bouéni (province qui se trouve entre Majunga et l'Imerne, où sont les établissements de M. Suberbie), 250 seulement sont arrivés à destination ! Le soldat est mal habillé, mal nourri ; il soutient moins bien que le soldat européen bien équipé et surtout recevant les soins que la situation climatérique exige.

Ces déserteurs partent rejoindre les bandes de Fahovales dans les provinces éloignées, ils s'enfoncent aussi dans les forêts. Voilà les bandes de pillards qui ravagent ensuite les campagnes, font des razzias, volent les bandes de bœufs, assassinent à l'occasion.

Il y a naturellement, comme dans tous les pays, des individus qui naissent bandits, assassins; mais, en somme, c'est une quantité infime qui serait même négligeable, si les forfaits n'étaient pas de nature criminelle.

Mais, à Madagascar, ce sont généralement ceux qui ont été lésés par les gouverneurs et le gouvernement de Tananarive, qui forment la majorité des bandes de Fahovales.

Ce peuple comprend bien sa situation, mais il préfère agir de la sorte que de servir injustement à la place des favorisés. Il y a donc une certaine intelligence naturelle qui le pousse ainsi. Avec notre régime, les Fahovales se débanderont et viendront même nous aider à faire la pacification du pays.

La population indigène est d'une nature douce, harmonieuse; il est rare de ne pas rencontrer dans chaque case l'accordéon, instrument en vogue dans l'île. La femme malgache chante avec une certaine harmonie. Un peuple qui aime la musique et les choses harmonieuses, il est bien rare si on n'en fait pas un peuple d'avenir ? Cette douceur native promet pour la France, avec notre civilisation, notre éducation, notre domination ferme et paternelle, de faire une nation de valeur qui nous sera soumise, qui écoutera nos sages conseils. Cette vie oisive et souvent de débauche cessera avec notre régime fort et juste pour tous.

Ceux qui n'ont pas cet enthousiasme verront dans un avenir prochain ce que la France aura fait de ce peuple. J'estime qu'elle en aura fait un peuple ami qui aimera notre régime, notre nation et les choses de France.

Les Hovas cherchent par tous les moyens à ne pas faire connaître aux étrangers les affaires les plus productives du pays : ils découragent le plus possible ceux qui auraient le désir d'y venir, par la crainte d'être concurrencés et surtout renversés. A un autre point de vue, il n'est plus possible de laisser plus longtemps ce peuple servir en bêtes de somme ; tous les transports sont faits par l'in-digène et à des distances de 300 à 400 kilomètres parfois, aussi les hommes les plus robustes sont usés avant l'âge. Les voyageurs qui débarquent dans les ports de l'île et qui désirent se rendre dans l'intérieur, sont alors obligés de monter sur le filonzane : c'est le seul véhicule qui existe, porté par des hommes qui se relèvent. De Tamatave à Tananarive M. Le Myre de Villers a mis 15 jours dans son filonzane, mais je crois qu'il a dû être retardé pour protéger son escorte lorsqu'il a quitté le pays pour la dernière fois avant les hostilités. De Tananarive à Majunga il faudrait plus de temps encore pour parcourir les 450 kilomètres. Jugez maintenant pour les marchandises. Ce pauvre indigène n'est-il pas à plaindre ? Sous le régime français, les chevaux et surtout les mulets remplaceront les malheureux porteurs, en attendant mieux.

Il est indiscutable que les peuples indigènes, avec notre régime, ne deviennent les meilleurs amis du monde.

Le soldat malgache aura gagné beaucoup d'avoir été battu, parce qu'il sera libre désormais; il n'aura plus à supporter le joug des galères du temps maudit.

LA ROCHELLE, IMPRIMERIE NOEL TEXIER